W9-CII-887

Anderson Elementary
Library

PINGÜINOS

AVES

Lynn M. Stone
Versión en español de Elsa Sands

Anderson Elementary
Library

The Rourke Corporation, Inc.
Vero Beach, Florida 32964

Copyright 1992 by The Rourke Corporation, Inc.

All rights reserved. No part of this book
may be reproduced or utilized in any form
or by any means, electronic or mechanical,
including photocopying, recording or by any
information storage and retrieval system
without permission in writing from
the publisher.

CREDITOS FOTOGRAFICOS

© M.P. Kahl/DRK Foto de la cubierta y de la página del título
© Sue Matthews/DRK Foto: Página 8
© Stanley Breeden/DRK Foto: Página 10
© Annie Griffiths/DRK Foto: Página 17
© Lynn M. Stone: Página 21

Library of Congress Cataloging-in-Publication Data

Stone, Lynn M.
    (Penguins. Spanish)
    Pingüinos / by Lynn M. Stone; versión en español de Elsa Sands.
       p.   cm. — (Biblioteca de descubrimiento de aves)
    Traducción de: Penguins.
    Incluye índice.
    Sumario: Describe la apariencia, los hábitos, el hábitat, la vida
diaria, la infancia y los enemigos del pájaro que viaja en la tierra
y el agua pero no en el aire.
    ISBN 0-86593-194-1
    1. Pengüinos—literatura juvenil.
    (1. Pengüinos   2. Materiales en español.)
    I. Título. II. De la serie de: Stone, Lynn M. Biblioteca de
descubrimiento de aves.
QL696.S473S7518   1992
598.4' 41—dc20   92-9158
                                           CIP
                                           AC

TABLA DE CONTENIDO

LOS PINGÜINOS

Los pingüinos se parecen a hombrecitos con camisas blancas y trajes negros. Se paran en sus piernas cortas y patas palmeadas. Tienen alas que cuelgan sueltas como brazos.

En todo el mundo los únicos pájaros **no voladores** que se zambullen son los pingüinos. Sus alas no sirven para volar. Los pingüinos hacen todos sus viajes por tierra o por mar.

Hay 18 clases diferentes o **especies** de pingüinos. Todos viven en la mitad sureña del mundo. Ellos descansan y anidan en las orillas, pero cazan en el agua fría del océano.

Los mergos y alcas se parecen y actúan mucho como los pingüinos, pero estos pájaros viven en los océanos del Norte y ellos vuelan.

Anderson Elementary Library

Pingüino de Adelia
(Pygoscelis adeliae)

5

DONDE VIVEN

Los pingüinos viven en las aguas del Ecuador, Perú, Chile, Argentina, Africa del Sur, Nueva Zelanda, Australia, las Islas Malvinas y Antártica. Sus hogares en las costas del océano pueden ser praderas verdes, playas rocosas, bosques, o el hielo de Antártica. Antártica es el lugar más frío y ventoso de todo el mundo.

Los pingüinos usualmente entran a la costa de las islas. Ellos evitan a los **animales de rapiña** de cuatro patas que viven en tierra firme. Los animales de rapiña son aquellos animales que son más grandes y fuertes y que los pueden matar.

El pingüino se ha adaptado a los extremos de temperatura. El pingüino Galápagos *(Spheniscus mendiculus)* vive en Ecuador y América del Sur. Las temperaturas allí suben a 104° F. Las temperaturas en el hogar Antártico de los pingüinos emperadores *(Aptenodytes fosteri)* y de Adelia *(Pygoscelis adeliae)* baja hasta -70° F.

COMO SON

Generalmente los pingüinos tienen espaldas negras y panzas de color claro. Algunas especies tienen crestas o parches en las orejas de colores brillantes.

Los pingüinos tienen cuerpos largos en forma de torpedos y cuando nadan, se ven como los peces, suaves y sedosos. En tierra se mueven despacio y con dificultad.

Los pingüinos más grandes son los emperadores, que parados miden hasta cuatro pies y pesan hasta 90 libras. Los pingüinos reyes *(Aptenodytes patagonica)* que son similares, miden hasta tres pies.

Los pingüinos más pequeños son los azules menores *(Eudyptula minor)* de Australia y Nueva Zelanda. Pesan como tres libras.

Pingüinos Reyes
(Aptenodytes patagonica)
Colonia en el Sur de la Isla Georgia

Ojo

Pico

Aleta (ala)

Pata palmeada

LAS ALETAS DEL PINGÜINO

Las alas del pingüino en realidad son aletas. Son planas y fuertes, parecidas a las aletas de la foca. Las aletas de la foca, sin embargo, están cubiertas con piel. Las aletas del pingüino están cubiertas con plumas chiquitas y tiesas.

Las aletas mueven a los pingüinos debajo del agua. Los pingüinos no pueden volar en el aire, pero pueden "volar" debajo del agua como a tres millas por hora.

Hace millones de años, los primeros pájaros parecidos a los pingüinos podían volar. Pero la habilidad de nadar bien llegó a ser más importante para los pingüinos que volar. Su comida estaba en el mar. Las alas, que en realidad no necesitaban, gradualmente sirvieron mejor para nadar que para volar.

Pingüino azul menor
 (Pingüino hada)
 (Eudyptula minor)

11

Pingüinos de Adelia

UN DIA EN LA VIDA DEL PINGÜINO

Las actividades de los pingüinos varían de acuerdo a la estación y la especie de pingüino. Tarde o temprano, todos los pingüinos pasan la mayor parte del tiempo en el mar. Es allí donde están más a gusto. Los pingüinos dependen del mar para su comida y a veces se quedan en el mar por muchos días.

Cuando los pingüinos vienen salpicando a la orilla, ellos viven juntos en grupos grandes, o en **colonias.** Cada especie se queda con su propia clase.

A menudo los pingüinos en las colonias se golpean el uno al otro con sus picos y "discuten" uno con otro. Las colonias de los pingüinos son grandes, amontonadas y malolientes.

LOS NIDOS DE LOS PINGÜINOS

La mayoría de los pingüinos, especialmente los que están cerca de o en Antártica, anidan en colonias grandes. Algunas colonias contienen más de un millón de pingüinos. Una colonia conocida de pingüinos de Adelia tiene cinco millones. Una colonia de pingüinos barboquejos *(Pygoscelis antartica)* tiene más de diez millones de pájaros.

Generalmente los pingüinos ponen dos huevos, aunque los grandes emperadores y reyes ponen sólo uno.

Algunos pingüinos anidan en madrigueras. Otros ponen huevos entre las rocas, entre las raíces de los árboles o en cuevas. Usualmente los nidos están forrados con palitos o guijarro.

Los emperadores y los reyes no tienen nidos de ninguna clase. Los machos de las dos especies **incuban** el huevo encima de sus patas. Un colgajo de piel cuelga encima del huevo y lo mantiene caliente contra las patas del pingüino por varias semanas.

Nido de un pingüino asno y el huevo

PINGÜINOS BEBES

Cuando empollan los bebés de los pingüinos reyes están casi desnudos. Los jóvenes pingüinos emperadores y la mayoría de las otras especies están cubiertos con vellosas plumas calientes que se conocen como **plumón.**

Los pingüinos bebés crecen con una dieta de pescados y otras criaturas del mar. Sin embargo, no cazan solos. Sus padres les dan de comer. Los adultos forzan que suba comida de sus estómagos para darle de comer a los bebés.

Al ir creciendo los pingüinos forman una capa de grasa o **esperma.** La esperma los mantiene calientes.

Los pingüinos empiezan a cazar por sí solos después que las plumas de adulto reemplazan el plumón.

Pingüino Jentú con su cría

RAPIÑA Y PRESA

Los pingüinos son **animales de rapiña.** Ellos comen otros animales—pescados, calamares y **animalillos marinos** parecidos al camarón.

Los pingüinos se zambullen y usan sus picos para atrapar su **presa,** los animales que se comen. Los pingüinos nadan a la superficie cada dos o tres minutos para conseguir aire. ¡Los pingüinos usualmente se zambullen a 50 o 60 pies de profundidad, pero los pingüinos emperadores se han zambullido a 875 pies de profundidad!

Los pingüinos comparten los océanos sureños con otros animales. Los pingüinos son presa para algunos de estos animales, especialmente la foca leopardo. A los pingüinos adultos también se los comen los tiburones. Varios pájaros como el **gavión,** se comen los huevos de los pingüinos y también a los bebés.

Pingüino Moñudo
(Eudyptes crestatus) nadando

LOS PINGÜINOS Y LOS SERES HUMANOS

En los años de 1700 y 1800 se mataban los pingüinos miles a la vez. Los exploradores y los pescadores que pescaban ballenas se los comían y usaban las pieles para ropa, de por lo menos una especie, el pingüino rey.

Ya no hay más necesidad de matar pingüinos. Dondequiera que vivan, están protegidos por leyes. Hoy millones de pingüinos viven en y alrededor de las islas de los océanos sureños.

A la mayoría de las especies de pingüinos les va bien. Pero la gente está moviendo más de sus actividades hacia Antártica. La seguridad futura de los pájaros en "trajes negros" dependerá en nuestra protección de sus hogares.

GLOSARIO

Animal de rapiña—un animal que mata a otros para su comida

Animalillos marinos—varios animales pequenos de oceanos frios que se parecen a los camarones

Colonias—un grupo de animales de la misma clase que hacen nidos

Especie—un grupo o clase de animales

Esperma—una capa gruesa de grasa debajo de la piel de animales que viven en climas frios

Gavión—pájaro grande parecido a la gaviota

Incubar—mantener calientes a los huevos hasta que se empollan

No volador—un pajaro sin la habilidad de volar, como las avestruces y los pingüinos

Plumón—plumas delgadas y sedosas

Presa—un animal que es cazado por otro

INDICE

Anderson Elementary
Library